COLLECTION

DE

M. LE COMTE D'AQUILA

TABLEAUX

et

AQUARELLES

DE L'ÉCOLE MODERNE

VENTE A L'HOTEL DROUOT

Salle n° 8

Les Vendredi 21 et Samedi 22 Février 1868

A DEUX HEURES

EXPOSITIONS

PARTICULIÈRE : *Le Mercredi 19 Février 1868*,

PUBLIQUE : *Le Jeudi 20 Février 1868*,

DE UNE HEURE A CINQ HEURES.

Mᵉ CHARLES PILLET
COMMISSAIRE-PRISEUR
11, rue de Choiseul.

M. DURAND-RUEL
EXPERT
1, rue de la Paix.

PARIS — 1868

CONDITIONS DE LA VENTE

Elle sera faite au comptant.

L'adjudicataire payera *cinq pour cent* en sus de l'enchère.

LE CATALOGUE SE TROUVE :

Chez : MM. CHARLES PILLET, commissaire-priseur.
DURAND-RUEL, expert.

NOTA. — A partir du 15 avril prochain, l'étude de Me Charles PILLET sera transférée de la rue de Choiseul, 11, à la rue Grange-Batelière, 10.

Imprimé chez PILLET fils aîné, rue des Grands-Augustins, 5.

C'est à l'incessante mobilité des galeries contemporaines que l'hôtel Drouot doit d'être devenu, depuis quelques années, une sorte de musée permanent de l'école moderne. A de certains après-midi, on y rencontre des chefs-d'œuvre dont la vraie place serait au Luxembourg. Le public, s'il ne vient pas pour acheter, y fait au moins son éducation. On y compte plus de gens célèbres, d'artistes et de critiques qu'à l'ouverture annuelle du Salon aux Champs-Élysées.

Oui, c'est bien dans ces salles où le jour est excellent, et malgré qu'on y soit un peu coudoyé, qu'il faut venir pour étudier les qualités viriles ou charmantes de nos coloristes, suivre les modifications que les années et le vernis font subir à un tableau célèbre, réagir contre les engouements et les injustices, profiter sagement de la hausse ou de la baisse de tel maître, accorder, en un mot, son jugement avec son goût, en dehors des stériles querelles d'école.

Mais le plaisir exquis de choisir, de posséder et de comprendre les bons tableaux n'est pas le seul que s'offrent les amateurs contemporains. Il est pour eux une autre jouissance, et des plus piquantes, à ce qu'il semble : c'est celle qui consiste à lancer, un beau jour, dans la bataille des enchères la collection à peine achevée, sans autre raison plausible que le violent désir d'en recommencer une autre.

C'est là plaisir de prince! C'est en agir comme ce voyageur sensible qui fuyait un pays dès qu'il sentait s'alourdir la chaîne des amitiés. Il est certains tableaux dont on ne se séparerait jamais, si l'on ne prenait de vigoureuses résolutions. Et « jamais » n'est pas un mot de notre temps.

Ainsi raisonne et sent l'amateur qui nous promenait hier à travers cette collection qui va se disperser demain. Ces Delacroix, ces Rousseau, ces Troyon, réunis en peu d'années avec une ardeur fiévreuse, le prince d'Aquila n'est point assuré d'en rencontrer de meilleurs, ni même de pareils. Il le sait, et cependant il en rêve d'autres. L'inconnu l'attire sans que le présent l'ait fatigué. Aux murs de la galerie, construite tout exprès dans le pittoresque hôtel de l'avenue de l'Impératrice, Son Altesse veut une décoration, une parure nouvelles.

Dans cette galerie, éclairée par le jour égal qui tombe du nord, et dans ses salons, le prince d'Aquila avait fait aux grands coloristes la plus large part. Delacroix y avait trois tableaux. D'abord une grande *Chasse aux lions*, qui n'a de commun avec celle du Musée de Bordeaux que le sujet et le génie. Dans celle-ci, l'action, plus disséminée, est plus vraisemblable. Les acteurs mêmes sont, je crois, plus nombreux. Un lion a terrassé un arabe qui, renversé sur le dos, cherche à le percer de son yatagan et appelle ses compagnons. Plus loin, la lionne a attaqué un cavalier et laboure les flancs du cheval qui se cabre. Un second cavalier hâte le galop de son cheval que semble effrayer cette terrible lutte. Les autres chasseurs brandissent leurs piques et leurs sabres. C'est une cohue terrible et grandiose. — Comme pendant à cet épisode de chasse, et pour former opposition, une *Lionne couchée* dans la rosée humide, au sommet d'un pic de l'Atlas, frémit sous la caresse des premiers rayons du soleil : la terrible bête miaule d'amour, ou d'ennui, ou de faim. — Et puis, formant l'autre pendant, un *Tigre royal* qui, à l'angle d'un bois de chênes verts, passe en flairant un serpent enroulé derrière des touffes d'aloès : ses yeux flamboient, son nez se plisse, il se ramasse, prêt à bondir de côté. Autant le paysage où se roule la lionne est tendre et caressé, autant celui où le tigre foule l'herbe d'un pas prudent est robuste d'accent et de ton. Cette *Chasse*, cetté *Lionne* et ce *Tigre* montrent l'étonnante variété du génie d'Eugène Delacroix.

Les *Chefs arabes chassant le faucon*, que nous retrouvons dans cette galerie, ont été l'un des meilleurs envois de M. Fromentin au Salon de 1866 et à l'Exposition universelle. Quelques chasseurs galopent dans une vaste plaine que les orages ont couverte d'une mince couche d'eau; l'eau jaillit en gerbe sous le sabot de leurs chevaux nerveux. Le cheick, arrêté en avant de ses lieutenants, suit d'un œil grave les deux faucons qui lient un héron au milieu des nuages. C'est, dans un paysage superbe, une scène de mœurs saisissante. C'est vraisemblablement un souvenir réel de voyage.

Il nous faut adopter une méthode pour classer nos notes et nos souvenirs. Achevons donc la revue des tableaux à personnages. Nous grouperons ensuite ensemble les paysagistes.

Notons tout d'abord une grande figure de *Nymphe*, marchant nue au milieu des bois, écoutant toute rêveuse les insidieux conseils qu'un amour lui murmure à l'oreille. Elle est svelte et rose. Cette peinture est de M. Jourdan et forme une agréable décoration.

Il y a dans la collection de S. A. le prince d'Aquila un Meissonier excellent et peu connu : c'est un sacripant qui, l'épée et la dague au côté, est debout devant une porte : il attend tranquillement quelque camarade qui lui a demandé d'être son témoin dans une affaire d'honneur, et qui s'attarde à choisir la rapière des grandes occasions parmi ses meilleures lames de combat. C'est un homme jeune, énergique, bien campé ; son vêtement rouge à crevés et son manteau gris font bien valoir sa moustache et ses cheveux blonds.

L'*Alchimiste* de M. Isabey a installé dans la cour de son logis sa cuisine diabolique. C'est pis que dans le cabinet du docteur Faustus ! Les crocodiles bâillent au soleil, les cornues se fêlent, les alambics allongent le col, et sur le fourneau bout à grand feu un mystérieux mélange.

Nous retrouvons ici la réduction ou la répétition de plusieurs compositions célèbres. Ainsi, une répétition toute récente de cette *Malaria* qui a fait la réputation de M. Hébert et qui est restée son inspiration la plus touchante. — Une réduction, mais avec des variantes qui lui ajoutent beaucoup de grâces, de ce *Combat de coqs*, qui fut aussi la première œuvre retentissante de M. Gérôme. C'est assurément un des chefs-d'œuvre de l'école néo-grecque.— Enfin, une esquisse reprise et ravivée des *Romains de la décadence*, de M. Thomas Couture.

L'*Intérieur de ferme*, de M. Jules Dupré, est un des rares tableaux de genre de cet illustre paysagiste ; au Salon de 1833, je crois, il lui valut une médaille. C'est un Ostade peint en Normandie, avec une recherche de détails qui rend surprenante la largeur de l'effet général : l'on jurerait que c'est un Hollandais, Kalf par exemple, qui a peint ces choux aux côtes saillantes, ces bottes de carottes et ces chaudrons écurés comme des bassins de barbier. — M. Jules Dupré a encore ici un de ses anciens tableaux, connu sous le nom du *Pont*, parce qu'un pont rustique enjambe un ruisseau, dans les eaux, ou plutôt, entre les pierres duquel deux gamins font le simulacre de pêcher à la ligne. — Un *Coucher de soleil à l'automne* est empreint de cette mélancolie et de cette sévérité qui marquent la manière à laquelle le maître s'est définitivement arrêté dans ses dernièrs années.

La série des Théodore Rousseau est de premier ordre, moins par les dimensions ou la célébrité des morceaux que par la variété de leurs qualités. Cependant cette *Métairie sur les bords de l'Oise* fut un des succès de l'Exposition universelle. Qui ne se souvient de cette rachée de chêne, verte et feuillue, ronde et saine, qui se reflète dans l'eau tranquille? Le soleil frappe partout, le ciel, les nuages, la métairie paisible, la rivière qui fuit en serpentant. C'est une de ces premières matinées d'été si gaies, si lumineuses et si fortes! Ce tableau est daté 1852; c'est un des derniers que le maître ait peints d'une touche aussi claire et aussi légère. — Tous les autres Rousseau ont été vus à l'exposition organisée au Cercle de la rue de Choiseul, par MM. Brame et Durand-Ruel : cette *Vue du coteau des Andelys*, où l'œil plonge sur une prairie longeant la Seine qui miroite, à travers les hauts peupliers, comme le flanc d'une ablette; ces *Bords de la Loue*, dans la Franche-Comté, avec les ruines du château de Montfort, où l'effet des douces harmonies du printemps est suivi avec une si délicate insistance dans le choix des verdures, le ton du ciel, les tressaillements des terrains. — La *Ferme du Grand-Chêne*, dans les Landes, est une étude magistrale, dont les fonds, à peine frottés sur la toile, suffisent pour indiquer les colorations, en laissant transparaître la savante ossature du dessin. — Qu'elle est mystérieuse cette *Tombée de la nuit*, à l'entrée d'un village, au sortir d'un bois! Comme on partage l'émoi instinctif qui fait hâter le pas à la vieille paysanne qui rentre, en tirant son enfant! Ce n'est cependant qu'un camaïeu au bitume; mais il est peint avec ces tons roux, transparents et profonds, dont Rembrandt usa plus qu'aucun maître. Théodore Rousseau excellait dans ces préparations ardentes; il les relevait seulement de quelques touches claires posées sur le ciel ou sur l'eau qui dort dans les ornières, de quelques gris pour modeler les reliefs, et cela lui suffisait pour achever une composition d'une poésie prestigieuse. — Mais le prince d'Aquila a voulu posséder le grand coloriste dans toutes ses expressions, et je ne crois pas qu'il existe de Rousseau plus ferme, d'un vert plus intense et plus émaillé, que ce *Chêne dans une clairière:* son tronc s'élève, ferme et droit comme une colonne antique, du tapis des mousses veloutées, et sa puissante frondaison s'enlève en vigueur sur le ciel d'azur. C'est la forêt de Fontainebleau au mois d'août, quand le soleil darde ses flèches les plus brûlantes, et que les écureuils eux-mêmes se cachent, pantelants, dans le coude des grosses branches.

Les Troyon de cette collection sont des mieux choisis. La *Vache blanche* provient de la vente Corvisart, excellent certificat d'origine. Elle s'est arrêtée et elle meugle au bord d'un chemin qu'égayent les coquelicots, les marguerites et les oseilles sauvages; le petit vacher, en blouse bleue, attend quelque camarade en retard; l'orage monte et envahit pesamment l'horizon et la moitié du ciel. C'est d'une grande puissance d'effet et d'une belle construction. — Le *Troupeau de moutons entrant dans un bois* est daté 1849, ce qui est d'une bonne année dans l'œuvre du maître. — La *Vache poursuivie par un chien*, et courant affolée à travers la prairie, figurait à la vente posthume de l'atelier de C. Troyon, et en fut un des morceaux les plus remarqués et les plus enviés.

Une vraie et haute curiosité, c'est une étude de mademoiselle Rosa Bonheur. On sait avec quelle passion, avec quel soin jaloux elle les garde. Cette *Étude de mouton* a été donnée par elle à un artiste, et elle a pris soin d'écrire elle-même la dédicace au pinceau dans le haut du panneau. Le mouton est debout et vu de profil. C'est dessiné de main de maître et peint très-grassement.

Mais il nous faut hâter le pas si nous voulons tout voir. Voici un *Lac italien*, où M. Corot a promené sa rêverie ; une *Venise au matin*, de M. Ziem, éclatante de soleil, de scintillements et de reflets ([1]); une *Branche de roses*, par Saint-Jean, d'où les gouttes de rosée roulent à terre comme des diamants ; une *Bacchante* de M. Tassaert, fraîche et souple comme une églantine des bois; un petit *Paysage* de M. Daubigny; puis deux *Clairières* de M. Diaz, que nous aurions dû placer bien avant dans cette rapide étude, si nous n'avions pas renoncé à tout classement par ordre de mérite : l'une montre un coin de la forêt de Fontainebleau envahi par les bruyères, l'autre est prise dans le milieu de ces roches grises où le bouleau projette des ombres frêles et mobiles.

Les aquarelles et les dessins étaient réunis dans un album énorme et immense. J'y ai vu deux dessins de Bida, une *Hérodiade*, et *Jésus bénissant une famille juive*, et deux autres de mademoiselle Rosa Bonheur ; une aquarelle capitale de M. Jules Dupré, d'après cet *Intérieur de ferme* dont nous avons parlé plus haut; des croquis de Marilhat ; des paysages, des scènes romantiques, des batailles, des marines, de Bellangé, de Ziem, de Baron, de Leys, d'Isabey,

1. Ce magnifique tableau figurait à l'Exposition universelle.

de Gallait, de Roqueplan, de Chaplin, etc. Un *Lion déchirant un cheval*, d'Eugène Delacroix, et quatre aquarelles de Gavarni : dans l'une d'elles, un amour de débardeur passe son bras autour du cou d'un hideux sauvage des Batignolles, et l'impitoyable caricaturiste a écrit au bas cette mélancolique réflexion : « *Ce que l'homme a de meilleur, c'est l'homard!* »

Ph. Burty.

TABLEAUX

BEAUMONT (Édouard de)

1 — Les Femmes chassant la Vérité.

N° 117 de l'Exposition de 1864.

Haut., 170 cent.; larg., 120 cent.

BONHEUR (Rosa)

2 — Moutons du Berry.

(Collection Goldsmidt.)

Haut., 24 cent.; larg., 32 cent.

CHAVET

3 — L'Amateur de Gravures.

Haut., 24 cent.; larg., 29 cent.

COROT

4 — Le Matin.

Haut., 40 cent.; larg., 55 cent.

COUTURE

5 — Les Romains de la Décadence.

Haut., 21 cent.; larg., 36 cent.

DAUBIGNY

6 — Bords de l'Oise.

Haut., 16 cent.; larg., 35 cent.

DELACROIX (Eugène)

7 — Chasse aux Lions.

Haut., 72 cent.; larg., 98 cent.

8 — Tigre et Serpent.

Haut., 31 cent.; larg., 41 cent.

9 — Lionne en arrêt.

Haut., 27 cent.; larg., 38 cent.

DIAZ

10 — Une Allée dans la Forêt.

Haut., [illegible] cent.; larg., 54 cent.

11 — Les Rochers de Fontainebleau.

Haut., [illegible] cent.; larg., 65 cent.

DUPRÉ (Jules)

12 — Intérieur de Ferme.

Exposition de 1833.

Haut., 47 cent.; larg., 51 cent.

DUPRÉ (Jules)

13 — Le Pont. 15.100 f

Haut., 60 cent.; larg., 50 cent.

14 — Soleil couchant. 3.150 f

Haut., 26 cent.; larg., 37 cent.

FROMENTIN

15 — Chasse au Héron en Algérie. 20.000 f

. N° 280 de l'Exposition universelle de 1867.

Haut., 100 cent.; larg., 143 cent,

GÉROME

16 — Jeunes Grecs faisant battre des Coqs.

Haut., 39 cent.; larg., 55 cent.

HÉBERT

17 — La Malaria.

Haut., 52 cent.; larg., 77 cent.

ISABEY

18 — L'Alchimiste.

N° 1089 de l'Exposition de 1865.

Haut., 62 cent.; larg., 80 cent.

ISRAELS

19 — Intérieur de la Maison des Orphelins à Katwyk (Hollande).

Nº 84 de l'Exposition universelle de 1867

Haut., 84 cent.; larg., 115 cent.

JACQUE

20 — Coqs et Poules.

Haut., 17 cent.; larg., 30 cent.

21 — Une Basse-Cour.

Haut., 16 cent.; larg., 24 cent.

JALABERT

22 — Galathée.

Haut., 19 cent.; larg., 05 cent.

JOURDAN

23 — Les Secrets de l'Amour.

N° 382 de l'Exposition universelle de 1867.

Haut., 190 cent.; larg., 117 cent.

LANDELLE

24 — Arménienne (Caucase).

N° 1096 de l'Exposition de 1866.

Haut., 130 cent.; larg., 80 cent.

MEISSONIER

25 — Un Bravi.

Haut., 17 cent.; larg., 11 cent.

MULLER

26 — Primavera.

Ogivale — Haut., 100 cent.; larg., 74 cent.

PASINI

27 — Halte d'Arabes.

Haut., 26 cent.; larg., 49 cent.

PLASSAN

28 — Le Lever.

Haut., 9 cent.; larg., 7 cent

ROUSSEAU (Théodore)

29 — Une Métairie sur les bords de l'Oise.

Nº 549 de l'Exposition universelle de 1867.

Haut., 41 cent.; larg., 63 cent.

30 — La Ferme du Grand-Chêne.

Haut., 54 cent.; larg., 64 cent.

31 — Vue du Coteau des Andelys.

Haut., 31 cent.; larg., 42 cent.

ROUSSEAU (Théodore)

32 — Les Bords de la Loue. 5,150

Haut., 26 cent.; larg., 40 cent.

33 — La Mare. 6,000

Haut., 22 cent.; larg., 33 cent.

34 — Une Allée dans la Forêt de Fontainebleau. 3,600

Haut., 23 cent.; larg., 31 cent.

35 — Entrée d'un Village au crépuscule. 6,600

Haut., 24 cent.; larg., 33 cent.

SAINT-JEAN

36 — Étude de Roses.

Haut., 25 cent.; larg., 33 cent.

SCHLESINGER

37 — Carméla.

N° 1748 de l'Exposition de 1866.

Haut., 29 cent.; larg., 72 cent.

TASSAERT

38 — Surprise.

Haut., 39 cent.; larg., 27 cent.

TROYON

39 — Jeune Paysan conduisant une Vache.

(Vente Corvisart.)

Haut., 76 cent.; larg., 101 cent.

40 — Vache poursuivie par un Chien.

(Vente Troyon.)

Haut., 79 cent.; larg., 116 cent.

41 — Troupeau de Moutons.

Haut., 45 cent.; larg., 34 cent.

VAN MARKE

42 — Taureau conduit par un Paysan.

Haut., 48 cent.; larg., 70 cent.

43 — Vache dans un pré.

Haut., 48 cent.; larg., 70 cent.

44 — Taureau normand.

Haut., 48 cent ; larg., 70 cent.

45 — Vache blanche.

Haut., 48 cent.; larg., 80 cent.

ZIEM

46 — Venise le matin. 5,000 f

N° 622 de l'Exposition universelle de 1867.

Haut., 62 cent.; larg., 113 cent.

DESSINS

ANDRIEUX

47 — Le Défilé devant M. le Maire.

Aquarelle

Haut., 22 cent.; larg., 27 cent.

48 — Cuirassier chargeant.

Aquarelle.

Haut., 20 cent.; larg., 28 cent.

BARYE

49 — Lion à la piste.

Aquarelle.

Haut., 00 cent.; larg., 00 cent.

50 — Daims.

Aquarelle.

Haut., 00 cent.; larg., 00 cent.

BONHEUR (Rosa)

51 — Cerfs sous bois. Effet de nuit.

Dessin.

Haut., 50 cent.; larg., 53 cent.

52 — Loups cherchant une proie.

Dessin.

Haut., 32 cent.; larg., 49 cent.

BACKUYSEN

53 — Un Étang dans la forêt.

Sépia

Haut., 24 cent.; larg., 30 cent.

BARON

54 — Après le bal.

Aquarelle.

Haut., 20 cent.; larg., 10 cent.

55 — L'Effroi.

Aquarelle.

Haut., 21 cent.; larg., 28 cent.

BEAUME

56 — Le Récit de la grand'mère.

Aquarelle.

Haut., 30 cent.; larg., 27 cent.

BEAUMONT (Édouard de)

57 — Offrande à la Vierge.

Aquarelle.

Haut., 17 cent.; larg., 14 cent.

58 — Coup de vent.

Aquarelle.

Haut., 17 cent.; larg., 14 cent.

59 — Femmes à la fontaine.

Aquarelle.

Haut., 14 cent.; larg., 16 cent.

60 — Italienne et son enfant.

Aquarelle.

Haut., 20 cent.; larg., 17 cent.

BEAUMONT (Edouard de)

61 — La Bergère.

Aquarelle.

Haut., 25 cent.; larg., 14 cent.

BELLANGÉ (Hippolyte)

62 — Le Recruteur

Aquarelle

(Vente Seymour.)

Haut., 31 cent.; larg., 40 cent.

63 — L'Artiste en voyage.

Aquarelle.

Haut., 28 cent.; larg., 40 cent.

4 — Le Coup de l'étrier.

Aquarelle.

Haut., 14 cent.; larg., 18 cent.

BELLANGE (HIPPOLYTE)

65 — Soldat de la garde impériale.

Aquarelle.

Haut., 21 cent.; larg., 15 cent.

BIDA

66 — « Paix à cette maison. » (Évangile selon saint Luc.)

Dessin.

Haut., 28 cent.; larg., 22 cent.

67 — Hérodiade.

Dessin.

N° 1626 de l'Exposition universelle de 1867.

Haut., 27 cent.; larg., 22 cent.

CALLOW

68 — Honfleur.

Aquarelle

Haut., 20 cent.; larg., 34 cent.

CHAPLIN

69 — Les Bulles de savon.

Aquarelle.

Haut., 22 cent.; larg., 10 cent.

70 — L'Innocence.

Aquarelle.

Ovale, Haut., 21 cent.; larg., 10 cent.

71 — La Leçon de géographie.

Aquarelle.

Haut., 30 cent.; larg., 20 cent.

DARCY

72 — Intérieur breton.

Aquarelle.

Haut., 00 cent.; larg., 00 cent.

73 — Laveuses.

Aquarelle.

Haut., 22 cent.; larg., 32 cent.

DECAMPS

74 — Solitude.

Dessin.

Haut., 42 cent.; larg., 29 cent

DELACROIX (Eugene)

75 — Lion dévorant un cheval.

Aquarelle.

Haut., 20 cent.; larg., 26 cent.

DELACROIX (Eugène)

76 — Arabe tenant son coursier.

Aquarelle.

Haut., 16 cent.; larg., 19 cent.

DELACROIX (Auguste)

77 — Bretonnes au lavoir.

Aquarelle.

Haut., 22 cent.; larg., 45 cent.

78 — Prière à la Madone.

Aquarelle.

Haut., 60 cent., larg., 43 cent.

79 — Marchande de fleurs.

Aquarelle.

Haut., 44 cent.; larg., 30 cent.

DELACROIX (Auguste)

80 — Femmes du Maroc.

Aquarelle.

Haut., 32 cent.; larg., 30 cent.

81 — Blanchisseuse bretonne.

Aquarelle.

Haut., 32 cent.; larg., 25 cent.

DIAZ

82 — Scène du Décameron.

Dessin à l'essence.

Haut., 12 cent.; larg., 25 cent.

DUPRÉ (Jules)

83 — Intérieur de ferme.

Aquarelle.

Haut., 35 cent.; larg., 42 cent.

FORT (Siméon)

84 — Paysage avec rivière. Soleil couchant.

Aquarelle.

Haut., 22 cent.; larg., 40 cent.

GALLAIT

85 — La Lecture de la Bible.

Aquarelle.

Haut., 25 cent.; larg., 21 cent.

GAVARNI

86 — « Combien voulez-vous parier que tu n'as pas déjeuné? »

Aquarelle.

Haut., 29 cent.; larg., 21 cent.

GAVARNI

87 — « De la tenue, Messieurs, de la tenue. »

Aquarelle.

Haut., 30 cent.; larg., 21 cent.

88 — « Mossieu est malade? »

Aquarelle

Haut., 29 cent.; larg., 21 cent.

89 — «Sont-i bête avec les femmes! »

Aquarelle.

Haut., 33 cent.; larg., 21 cent.

90 — « Ce que l'homme a de meilleur? C'est l'homard. »

Aquarelle.

Haut., 30 cent.; larg., 21 cent.

GAVARNI

91 — Un Pierrot.

Dessin à la plume

Haut., 20 cent.; larg., 14 cent.

GUDIN

92 — Une Plage à marée basse. Effet de crépuscule.

Aquarelle.

Haut., 23 cent.; larg., 29 cent.

93 — Côtes d'Espagne.

Aquarelle.

Haut., 22 cent., larg., 30 cent.

94 — Marine.

Sépia.

Haut., 15 cent.; larg., 23 cent.

GUILLEMIN

95 — La Fête de la grand-mère.

Aquarelle.

Haut., 21 cent.; larg., 16 cent.

GIRARD (Ernest)

96 — Jeune Fille tricotant.

Aquarelle.

Haut., 37 cent.; larg., 26 cent.

HUBERT

97 — La Mare.

Aquarelle.

Haut., 29 cent.; larg., 44 cent.

ISABEY

98 — Marine.

Aquarelle

Haut. 23 cent.; larg., 35 cent.

CH. JACQUE

99 — Troupeau de porcs.

Aquarelle.

Haut., 10 cent.; larg., 18 cent.

100 — La Rentrée à la bergerie.

Fusain.

Haut., 25 cent.; larg., 36 cent.

KOECKKOECK

101 — Une Prairie avec animaux.

Sépia.

Haut., 23 cent.; larg., 31 cent.

LEPRINCE

102 — Un Marché (1823).

Sépia.

Haut., 15 cent.; larg., 22 cent.

LEYS

103 — L'Assaut.

Aquarelle.

Haut., 30 cent.; larg., 29 cent.

MARILHAT

104 — Palais du Defterdar-bey.

Aquarelle.

Haut., 18 cent.; larg., 42 cent.

MARNY

105 — Un Marché en Bretagne.

Aquarelle.

Haut., 31 cent.; larg., 24 cent.

PALIZZI

106 — Bœufs et moutons.

Aquarelle.

Haut., 25 cent.; larg., 42 cent.

107 — Anes et moutons.

Aquarelle.

Haut., 24 cent.; larg., 42 cent.

108 — Troupeau de bœufs.

Aquarelle.

Haut., 26 cent.; larg., 45 cent.

PALIZZI

109 — Chèvres et boucs.

Aquarelle.

Haut., 20 cent.; larg., 26 cent.

PILS

110 — Campement d'artilleurs.

Aquarelle.

Haut., 34 cent.; larg., 45 cent.

111 — Un Artilleur.

Aquarelle.

Haut., 18 cent.; larg., 12 cent.

REDOUTÉ

112 — Bouquet de roses.

Aquarelle.

Haut., 38 cent.; larg., 29 cent.

REDOUTE

113 — Roses mousseuses.

Aquarelle.

Haut., 43 cent.; lar., 34 cent.

ROQUEPLAN

114 — La Promenade au parc.

Aquarelle.

Haut., 22 cent.; larg., 27 cent.

115 — Enfants.

Aquarelle.

Haut., 21 cent.; larg., 16 cent.

SWERTCHKOFF

116 — Étude de cheval.

Aquarelle.

Haut., 22 cent.; larg., 29 cent.

SWERTCHKOFF

117 — Cheval blanc.

Aquarelle.

Haut., 23 cent.; larg., 30 cent.

TESSON

118 — Pêcheurs amarrant leur bateau. Effet de soir.

Aquarelle.

Haut., 16 cent.; larg., 23 cent.

119 — Une Mosquée.

Aquarelle.

Haut., 13 cent.; larg., 19 cent.

TOM (J. E.)

120 — Vaches au bord d'une rivière.

Aquarelle.

Haut., 15 cent.; larg., 24 cent.

VAN INGEN

121 — La Moisson.

Sépia.

Haut., 27 cent.; larg., 42 cent

VAN ELVEN

122 — Une Église en Bretagne.

Aquarelle.

Haut., 31 cent.; larg., 25 cent.

123 — Maison bretonne. Effet d'hiver.

Aquarelle.

Haut., 32 cent.; larg., 29 cent.

VAN HOVE

124 — Un jeune Artiste.

Aquarelle.

Haut., 38 cent.; larg., 32 cent.

WATTIER

125 — Conversation galante.

Aquarelle.

Haut., 22 cent.; larg., 17 cent.

WYLD

126 — Pouzzole près de Naples.

Aquarelle.

Haut., 14 cent.; larg., 20 cent.

WALDORP

127 — Marine. Bateaux pêcheurs.

Aquarelle.

Haut., 23 cent.; larg., 34 cent.

128 — Marine. L'Embarquement.

Aquarelle.

Haut., 23 cent.; larg., 34 cent.

ZUBER-BUHLER

129 — Une jeune Italienne portant une cruche.

Aquarelle.

Haut., 40 cent.; larg., 30 cent.

130 — Femme espagnole à l'éventail.

Pastel.

Haut., 65 cent.; larg., 35 cent.

ZUBER-BUHLER

131 — La Rosée.

Pastel.

Ovale. Haut., 61 cent.; larg., 47 cent.

ZIEM

132 — Venise.

Aquarelle.

Haut., 14 cent.; larg., 23 cent.

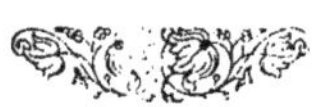

www.ingramcontent.com/pod-product-compliance
Ingram Content Group UK Ltd.
Pitfield, Milton Keynes, MK11 3LW, UK
UKHW021945260726
13994UKWH00004B/1549